Kurt Seelmann
Kollektive Verantwortung im Strafrecht

Schriftenreihe
der
Juristischen Gesellschaft zu Berlin

Heft 171

W
DE
G

2002
Walter de Gruyter · Berlin · New York

Kollektive Verantwortung im Strafrecht

von
Kurt Seelmann

Vortrag
gehalten vor der
Juristischen Gesellschaft zu Berlin
am 18. April 2001

W DE G

2002
Walter de Gruyter · Berlin · New York

Prof. Dr. Dr. h.c. *Kurt Seelmann,*
o. Universitätsprofessor
an der Universität Basel

♾ Gedruckt auf säurefreiem Papier,
das die US-ANSI-Norm über Haltbarkeit erfüllt.

Die Deutsche Bibliothek – CIP-Einheitsaufnahme

Seelmann, Kurt:
Kollektive Verantwortung im Strafrecht : Vortrag, gehalten vor der Juristischen
Gesellschaft zu Berlin am 18. April 2001 / von Kurt Seelmann.
– Berlin ; New York : de Gruyter, 2002
(Schriftenreihe der Juristischen Gesellschaft zu Berlin ; H. 171)
ISBN 3-11-017458-8

Satz: DTP Johanna Boy, Brennberg – Druck: Druckerei Gerike GmbH, Berlin
Buchbinderische Verarbeitung: Industriebuchbinderei Fuhrmann GmbH & Co. KG, Berlin

Inhaltsverzeichnis

Kollektive Verantwortung im Strafrecht

Kollektive Verantwortung im Strafrecht, das hört sich zunächst so an, als ginge es um Unternehmensstrafbarkeit. Eine solche Erwartung täuscht nicht – auch die Strafbarkeit von Unternehmen de lege ferenda wird im Folgenden behandelt. Allerdings nur zu einem Teil. Es geht hier um ein weiteres Panorama: Die kollektive Verantwortung für Schäden und Risiken, um die öffentliche Debatten heute kreisen, kann ja dreierlei bedeuten: dass man sich für kollektive Prozesse individuell zu verantworten hat, dass die Verantwortung ein einzelnes Kollektiv trifft und schliesslich, dass die Täter-Opfer-Dichotomie aufbricht und damit auch Dritte, im Grenzfall die ganze Gesellschaft, sozial zuständig sind.

Zu beginnen ist deshalb mit der vielleicht etwas ungewöhnlichen, aber doch beim ganz Gewöhnlichen ansetzenden Frage, unter welchen Voraussetzungen wir einzelnen Personen eine kollektive Verantwortung innerhalb des Strafrechts aufbürden (I). Im zweiten Teil geht es dann um die strafrechtliche Verantwortung von Kollektiven als solchen; in diesem Kontext fällt die Unternehmensbestrafung (II). Schliesslich ist in einem dritten Teil noch die Frage zu erörtern, die aus den ersten beiden Bedeutungen von kollektiver Verantwortlichkeit folgt: nämlich ob und ggf. wie unser Strafrecht die soziale Mitverantwortung der Gemeinschaft an Straftaten berücksichtigt, ja als Ergebnis einer Ausweitung kollektiver Verantwortung berücksichtigen muss (III).

Das war die Vorbemerkung zum Thema „kollektiv", es muss noch eine Vorbemerkung zum Thema Verantwortung hinzugefügt werden. Der Begriff der Verantwortung hat im Strafrecht keine fest umrissene Tradition. Obwohl im Inquisitionsprozess des Hoch- und Spätmittelalters, also auf juristischem Terrain, entstanden, ist er eigentlich erst in den letzten Jahren wieder in das Strafrecht, und zwar von der ethischen Debatte her, eingesickert. Dort enthält er einerseits retrospektive Elemente (als Verantwortung für eigenes Vorverhalten in der Vergangenheit) und andererseits prospektive Elemente (als Pflicht, in Zukunft etwas zu tun)[1]. Diese beiden Elemen-

---

[1] Zu beiden Aspekten und zur Geschichte *Kurt Bayertz*, Eine kurze Geschichte der Herkunft der Verantwortung, in: *ders.* (Hrsg.), Verantwortung - Prinzip oder Problem? Darmstadt 1995, S. 3 ff., 24 ff.

te können wir juristisch zu Handlungs- und Unterlassungsdelikten in Beziehung setzen. Der Begriff der Verantwortung thematisiert aber drittens noch den Aspekt der „Konstruktion" des für-verantwortlich-Erklärens[2]. Die damit angesprochene Selbstreflexion strafrechtlicher Dogmatik macht auf eine neue Herausforderung aufmerksam: Menschliche Handlungen sind in komplexen sozialen Prozessen durch eine Fülle von Zwischenakten zwischen einem menschlichen Verhalten und einem negativ bewerteten Resultat gekennzeichnet[3]. Die Differenzierung zwischen Unglück und menschlicher Zuständigkeit wird dadurch schwieriger, egal ob es sich nun um Umweltbelastungen, Krankheiten oder die Folgen von Gentechnologie und Globalisierung handelt. Ob man in solchen Fällen Menschen für verantwortlich erklären will, bedarf einer Entscheidung, ist Ergebnis einer Konstruktion. Eben das macht die Grenzziehung zwischen individueller und kollektiver Zurechnung mühsam, ja mitunter fragwürdig.

I. Individuelle Verantwortung für kollektive Prozesse

Zu beginnen ist, wie angekündigt, mit Fragen einer individuellen Verantwortung für kollektive Prozesse. Die Zurechnung des individuellen Anteils an kollektivem Handeln wird heute ernster genommen als früher. Das veranschaulicht die Debatte um die sog. „Mauerschützenprozesse" ebenso wie die Schaffung von Ad-hoc-Tribunalen und jetzt auch eines dauernden internationalen Strafgerichtshofs. Drei Einfallstore für individuelle Verantwortung an kollektiven Prozessen sind demgegenüber eher klassisch: Wir finden einen solchen Typ von Verantwortung zum einen bei Täterschaft und Teilnahme, zum anderen in der partizipatorischen Zurechnung, z.B. bei der kriminellen Vereinigung, und schliesslich bei Unterlassungsdelikten. Gerade in diese klassischen Felder ist aber neuerdings Bewegung geraten.

Bei der Mittäterschaft ist es immer schon aufgefallen, dass Einzelne für ein Kollektivhandeln verantwortlich gemacht werden[4]. Die Wegnahme

---

[2] Dazu *Kurt Seelmann*, Hegel und die Zurechnung von Verantwortung, in: Guido Britz, Heinz Koriath, Heike Jung, Egon Müller (Hrsg.), Grundfragen staatlichen Strafens, FS für Heinz Müller-Dietz, München 2001, S. 857ff..

[3] *Weyma Lübbe*, Verantwortung in komplexen kulturellen Prozessen, Freiburg/München 1998.

[4] *Ernst-Joachim Lampe*, Systemunrecht und Unrechtssysteme, ZStW 106 (1994), 683, 691, 719; *Heiko Lesch*, Gemeinsamer Tatentschluss als Voraussetzung der Mittäterschaft, JA 2000, 73 ff.; vgl. schon *Hans Welzel*, Abhandlungen zum

durch den einen, die Gewaltanwendung durch den anderen und die Sicherungsaktion durch einen Dritten werden zusammen zu einem Raub, dessen Tatbestandsmerkmale keiner der Beteiligten vollständig verwirklicht hat. Nur alle zusammen, das Kollektiv, fügt alle Merkmale zusammen[5]. Subjekt der Zurechnung ist zunächst die Gemeinschaft der Mittäter und über diese Gemeinschaft jeder Einzelne. Das eigene Unrecht des Einzelnen wird also durch die personale Gemeinschaft festgelegt. Das Ärgernis, dass dem Kollektiv die Herrschaft zukommt, der Einzelne aber bestraft wird, hat man dadurch abzumildern versucht, dass man auch dem Einzelnen eine – funktionell genannte – Herrschaft zugewiesen hat, eine Herrschaft der Mitsteuerung durch einen arbeitsteiligen Beitrag, mit dem die Gesamttat steht oder fällt[6]. Doch weil dies für alle Mittäter gilt, steht die Tat mit keinem der einzelnen arbeitsteiligen Beiträge, sondern immer nur unter der Voraussetzung, dass alle anderen ihre Beiträge erbringen. Vielleicht vermag deshalb an diesem Punkt eine funktionale Strafrechtsdogmatik die Situation besser zu erklären. Sie gesteht ein, dass nicht nur die Gemeinschaft normativ – eben über einen Straftatbestand – konstruiert ist, sondern dass auch die Zurechnung des Kollektivhandelns zum Einzelnen ein normativer Akt ist[7]. Immer dann nämlich und soweit ihn die Ausführung „etwas angeht", ist der Beteiligte Täter – die Zurechnung ergibt sich aus der organisatorischen Zuständigkeit. Bei Kollegialentscheidungen, etwa in Unternehmensvorständen, wird inzwischen sogar in der Rechtsprechung auf den gemeinsamen Tatentschluss verzichtet und auf die Zuständigkeit schon aus einem zu geringen Einsatz gegen die falsche Entscheidung, also eben aus nicht wahrgenommener Zuständigkeit, geschlossen[8]. War Mittäterschaft also schon lange ein Feld individueller Zurechnung kollektiver Handlungen, so scheint diese Funktion neuerdings auf ein gesteigertes Bedürfnis zu stossen.

Ähnlich wie bei der Mittäterschaft zeigt sich die Situation bei der mittelbaren Täterschaft. Bei dieser hierarchischen Kollektivzurechnung hatte traditionell der unmittelbar Handelnde einen Zurechnungsdefekt, der Hintermann steuerte durch Wissens- oder Willensüberlegenheit. Anders als

---

Strafrecht und zur Rechtsphilosophie, Berlin 1975, S. 171; Zur Mittäterschaft als Instrument kollektiver Verantwortung auch *Lübbe* (o. Fn. 3), S. 145.

5 *Lesch* (o. Fn. 4), S. 73, 76.

6 *Claus Roxin*, Täterschaft und Tatherrschaft, 7. Aufl., Berlin 2000, S. 277.

7 *Günther Jakobs*, Strafrecht Allg. Teil, 2. Aufl. Berlin/New York 1991, 613: Es geht um „diejenigen Organisationsakte, die volle Zuständigkeit begründen".

8 BGHSt 37, 106 ff., 131 f.; dazu *Günter Heine*, Kollektive Verantwortlichkeit, in: Albin Eser, Barbara Huber, Karin Cornils (Hrsg.), Einzelverantwortung und Mitverantwortung im Strafrecht, Freiburg i.Br. 1998, 95 ff., 97 m.w.Nachw.

bei der Mittäterschaft liess sich hier also u.U. ein **allein Verantwortlicher** herausdestillieren. Diese Möglichkeit verschwindet aber zunehmend in der neueren Rechtsprechung zur organisationellen Tatherrschaft[9], bei der die Handlung über ein ganzes Handlungssystem zugerechnet wird, nämlich – in den sog. Mauerschützenprozessen – ein System staatlich organisierter Kriminalität. Darüber hinaus hat der BGH schon angekündigt, dass er sich diese Konstruktion auch für mafiöse Organisationsformen und selbst für Wirtschaftsunternehmen vorstellen könnte[10].

Fälle individueller Zurechnung kollektiver Verantwortung gibt es allerdings nicht nur bei Mittäterschaft und mittelbarer Täterschaft, sondern auch in der Diskussion um die kollektive Verantwortung nicht organisierter Personengruppen („random collections")[11]. Solche nicht organisierte Personengruppen treffen nur zufällig im Rahmen einer Straftat aufeinander oder werden definitorisch nur aus dieser Straftat heraus überhaupt zur Gruppe. Bei den von ihnen verübten Handlungen geht es also um solche, die in der Sprache der Dogmatik des Individualstrafrechts objektiv zur „Nebentäterschaft" gerechnet werden. Lediglich der Vorsatz stellt einen gewissen Bezug zur Gesamttat her. Die Bedeutung solcher random collections wächst z.B. bei Kumulationstatbeständen des modernen Umweltstrafrechts, etwa bei der Gewässerverschmutzung[12]. Random collections werden aber auch ein zunehmend bedeutsames Thema des Völkerstrafrechts, bei den Humanitätsverbrechen, also den „Verbrechen gegen die Menschlichkeit" und beim „Völkermord". Zwar erfordert etwa das Verbrechen gegen die Menschlichkeit eine weitverbreitete oder systematische Tatbegehung[13], also einen kollektiven Handlungszusammenhang. Der einzelne Beteiligte braucht aber dazu nur einen Beitrag zu leisten, er muss selbst gerade nicht weitverbreitet oder systematisch vorgegangen sein[14]. Objektiv bedarf es nicht einmal der Arbeitsteilung im Sinn der Mittäterschaft; es ist also nicht nötig, dass mit dem einen Beitrag die Gesamttat steht oder fällt, und auch an einem gemeinsamen Tatentschluss kann es fehlen, ja wird es sogar regelmässig fehlen. Die Beziehung zum Gesamtkontext des weitverbreiteten oder systematischen Angriffs gegen die Zivilbevölkerung im Fall der Verbrechen gegen die Menschlichkeit oder zur Tötung einschliesslich ihrer „Vorfeld"-Aktionen an ganzen Gruppen im Fall des Völkermords ergibt sich allein aus dem subjektiven Tatbestand.

---

[9] BGHSt 37, 124.

[10] BGHSt 40, 218 ff., 237.

[11] *Lübbe* (o. Fn. 3), S. 23, 164, 171.

[12] Dazu *Wolfgang Wohlers*, Deliktstypen des Präventionsstrafrechts - Zur Dogmatik „moderner" Gefährdungsdelikte, Berlin 2000, S. 318 ff.

Noch umfassender in der Zurechnung kollektiven Handelns auf Individuen gehen in den letzten Jahrzehnten die Tatbestände der partizipatorischen Zurechnung[15] vor. Hier ist gar nicht mehr nötig, dass jemand einen Teilaspekt einer Handlung selbst verwirklicht oder steuert, es reicht schon eine vollendete oder gar versuchte Anstiftung und Beihilfe zu einer Vorbereitungshandlung aus, wenn diese nur eine Vereinigung unterstützt, die sich zur Begehung von Straftaten zusammengeschlossen hat. So bestraft § 129 StGB jeden, der eine solche Vereinigung gründet, in ihr Mitglied ist, für sie wirbt oder sie auch nur von aussen unterstützt. Die wie auch immer geartete Förderung des Gefahrenpotentials der Organisation macht bereits den Zurechnungsgrund aus. Das Unrecht verfasster Sozialsysteme wie krimineller Vereinigungen verortet man eben nicht erst im Handeln, sondern schon im Risikopotential, im Wir-Gefühl und im widerrechtlichen Zweck – das geringere individualmoralische Eigengewicht kriminellen Solidarverhaltens wird durch dessen soziale Gefährlichkeit konterkariert[16].

Besonders charakteristisch für die Zurechnung kollektiven Handelns zu Individuen ist schliesslich jener Bereich, den man rechtsdogmatisch als Umkreis der sog. unechten Unterlassungsdelikte erfassen kann. Gerade hier hat sich seit etwa 20 Jahren besonders viel bewegt und gerade hier schlummert auch noch ein gewaltiges Potential für weitere Entwicklungen. Von den beiden Seiten des Verantwortungsbegriffs, der Zurechnung eigenen Handelns und der Pflicht, sich um die Zukunft zu kümmern, greift das Unterlassungsdelikt die Letztere auf. Traditionell war dies das Feld der Moral, der „unvollkommenen Pflichten", und auf deren Kosten erweitert hier das Recht seit langem sein Feld[17]. Das hat vielerlei Gründe: Eine Zunahme an Arbeitsteilung und Automatisierung von Handlungsabläufen segmentiert menschliche Zuständigkeiten und macht immer mehr Menschen davon sozial abhängig, dass andere das Richtige tun und nicht nur

---

13 Art. 7 des Römischen Statuts spricht von „widespread or systematic attack", vgl. den Abdruck in Otto Triffterer (Hrsg.), Commentary on the Rome Statute of the International Criminal Court, Baden-Baden 1999, S. 117.

14 *Hans Vest*, Humanitätsverbrechen – Herausforderung für das Individualstrafrecht, ZStW 113 (2001), 457, 470f.

15 *Heike Jung*, Begründung, Abbruch und Modifikation der Zurechnung beim Verhalten mehrerer, in: Albin Eser/Barbara Huber/Karin Cornils (Hrsg.), Einzelverantwortung und Mitverantwortung im Strafrecht, Freiburg i.Br. 1998, 175 ff., 184 f.

16 *Lampe* (o. Fn. 4), 691, 713 f.

17 Ausführlich auch zum Folgenden *Kurt Seelmann*, Opferinteressen und Handlungsverantwortung in der Garantenpflichtdogmatik, GA 1989, 241.

das Falsche unterlassen. Das heisst aber andererseits: Zurechnung ergibt sich jetzt, auch im Strafrecht, aus sozialer Zuständigkeit, aus struktureller Verantwortung, und das in rasant zunehmendem Masse.

Garantenpflichten, schon immer auf dem Sprung von der Moral ins Recht, greifen selbst dort, wo sie sich explizit an das **Recht** halten wollen und deshalb Anleihen beim modernen Zivilrecht machen, über traditionelle rechtsförmige Verantwortung hinaus. Wo sie, bei den Überwachungspflichten, auf Verkehrssicherungspflichten des Zivilrechts gründen, machen sie sich von partiellen Generalklauseln zum Schutz vor mittelbaren Rechtsgutverletzungen abhängig. Wo sie sich, bei den Obhutspflichten, an quasivertragliche Pflichten, an „Selbstbindung ohne Vertrag" ketten, orientieren sie sich an vielfachen Gerechtigkeitserwägungen, etwa der Leistungsfähigkeit des Haftenden oder der gesamtgesellschaftlich optimalen Verteilung der Haftung.

In diesem Umfeld hat sich die strafrechtliche Geschäftsherren- und Produkthaftung entwickelt[18]. Wo aus dem Unternehmen heraus Straftaten begangen werden, oft in kompliziertem, bewussten oder unbewussten arbeitsteiligen Zusammenwirken, kann dies an der Spitze, in einem Individuum oder einer Gruppe, zur Zurechnung wegen eines Unterlassungsdelikts führen, wegen unterlassener Aufsichtsmassnahmen[19]. Wo in einem Unternehmen gefährliche Produkte nicht rechtzeitig zurückgerufen werden, kann wieder an der Spitze dieses Nichthandeln einem Einzelnen oder einem Kollektiv als Verletzung seiner Aufsichtspflicht zugerechnet werden[20]. Aus der Kombination solcher unechter Unterlassungsdelikte mit Ausweitungen der traditionellen Mittäterschaft und Lockerungen beim strafrechtlichen Kausalitätsbegriff schliesslich ist die neue Rechtsprechung zu Kollegialentscheidungen in Organisationen entstanden: Schon jeder Einzelne, der sich nicht hinreichend für das gebotene Votum eingesetzt hat, haftet für den Gesamterfolg und damit ggf. auch für das Unterlassen einer Rückrufaktion[21]. Da ist also nicht nur kein gemeinsamer Tatentschluss mehr, sondern nicht einmal mehr hypothetische Kausalität der Abwendungsmöglichkeit vorausgesetzt.

---

[18] *Günther Heine*, Die strafrechtliche Verantwortlichkeit von Unternehmen. Vom individuellen Fehlverhalten zu kollektiven Fehlentwicklungen insbesondere bei Grossrisiken, Baden-Baden 1995, S. 95 ff.

[19] A.a.O. 108 ff.

[20] *Lothar Kuhlen*, Strafhaftung bei unterlassenem Rückruf gesundheitsgefährdender Produkte, NStZ 1990, 566 ff.; kritisch *Andrea Schmucker*, Die „Dogmatik" einer strafrechtlichen Produktverantwortung: Das fahrlässige Unterlassen als Institut der Produktkriminalität, Frankfurt a.M. 2001, S. 154.

[21] BGHSt 37, 106 ff., 126 ff.

Der kurze Überblick über die Methoden einer Zurechnung kollektiver Verantwortung zu einzelnen Personen sei hier abgebrochen. Es gilt, die Perspektive zur kollektiven Zurechnung im engeren Sinn, also zur Verantwortung von Kollektiven selbst, zu wechseln.

II. Kollektive Zurechnung

In der neueren Debatte über kollektive Zurechnung waren es gerade wirkliche oder vermeintliche Unzulänglichkeiten der individuellen Zurechnung kollektiven Handelns, die zu einer Ausschau nach unkonventionellen Kollektivzurechnungen geführt haben. Dies gilt sowohl für den Bereich der Unternehmensstrafbarkeit als auch für denjenigen der Humanitätsdelikte des Völkerstrafrechts.

Bei der Unternehmensstrafbarkeit lassen Kompetenzaufteilung, kooperative Führungsmodelle und Dezentralisierung ebenso wie Beweisschwierigkeiten selten einen Einzelnen auf unterer Ebene für die kollektiv produzierte Schädigung zur strafrechtlichen Verantwortung ziehen[22]. Und der Zugriff auf den Geschäftsherrn scheitert, so wird eingewandt, oft daran, dass diesem kein Vorsatz nachgewiesen werden könne[23]. Daraus ergibt sich der heutige Trend zu einem Nachdenken über eine strafrechtliche Verantwortlichkeit des Unternehmens als solchem – eine Debatte, die auch in Deutschland trotz des ablehnenden Abschlussberichts der Kommission zur Reform der strafrechtlichen Sanktionen aus dem vergangenen Jahr[24] dennoch nicht abreisst[25].

Doch die erste Schwierigkeit, die sich dabei stellt, betrifft die Abhängigkeit dieser kollektiven Verantwortung von der Tätigkeit von Individuen[26]. Gestaltet man die kollektive Verantwortung **akzessorisch**, so schafft man für die Unternehmen einen Anreiz, die individuelle Vorwerfbarkeit

---

[22] Ausführlich *Heine* (o. Fn. 18).

[23] *Günter Stratenwerth*, Strafrechtliche Unternehmenshaftung?, in: FS R. Schmitt, Tübingen 1992, 300.

[24] Abschlussbericht der Kommission zur Reform des strafrechtlichen Sanktionensystems, März 2000 (Hrsg. v. Bundesministerium der Justiz), S. 199 ff.

[25] Vgl. nur Rupert Scholz, Strafbarkeit juristischer Personen, JZ 2001, 435ff..

[26] Zu den Schwierigkeiten einer akzessorischen, subsidiären oder unmittelbaren Kollektivverantwortung *Kurt Seelmann*, Unternehmensstrafbarkeit: Ursachen, Paradoxien und Folgen, in: Jürg-Beat Ackermann, Andreas Donatsch, Jörg Rehberg (Hrsg.), Wirtschaft und Strafrecht - Festschrift für Niklaus Schmid, Zürich 2001, S. 169 ff., 174 f.

praktisch unmöglich zu machen. Das scheint eher für eine **subsidiäre Lösung** zu sprechen, nach der das Unternehmen nur zur Verantwortung gezogen werden kann, wenn sich **kein** individuell Verantwortlicher ermitteln lässt. Darauf zielt übrigens ein Gesetzesentwurf in der Schweiz[27]. Doch auch diese subsidiäre Regelung gibt einen falschen Anreiz, nämlich den zur Schaffung eines „Sitzdirektors", der sich das Risiko des Einsitzens gut honorieren lässt. Geht man wegen der Schwierigkeiten sowohl der akzessorischen als auch der subsidiären Haftung von einer **unmittelbaren Kollektivverantwortung** aus, so ist man wiederum um die Kriterien verlegen. Wie nämlich sollen etwa der Vorsatz, das Unrechtsbewusstsein oder die Sorgfaltspflichtverletzung **des Kollektivs** bestimmt werden, wenn nicht doch wieder über Individuen. Erst recht schwer zu bewältigen sind die bekannten Probleme der Schuld des Kollektivs. Nimmt man den Begriff ernst, passt er nicht zu Unternehmen, weitet man ihn aus, verliert er zumindest langfristig seine Wirkung.

Zieht man daraus die Konsequenz, Unternehmensstrafbarkeit könne nur im **Massregel**recht erwogen werden[28], begibt man sich gleichesfalls in eine Paradoxie: Eben was man mit einer strafrechtlichen Lösung der Sanktionierung von Unternehmen anstrebt, die erhöhte Präventivwirkung der strafrechtlichen Sanktion, lässt sich jenseits von Sicherung und Besserung mit einer Massregel nicht erreichen – jedenfalls nicht, wenn man die Massregel als Instrument ohne Schuldvorwurf und folglich ohne sozialethischen Tadel versteht. Andernfalls würde man auf eine Wirkung vertrauen – dass nämlich die Öffentlichkeit mit **strafrechtlichen** Massregeln auch einen sozialethischen Tadel verbindet – die das Gesetz gerade ausschliessen will. Es wäre die Spekulation auf ein Missverständnis. In dieselbe Paradoxie gerät man übrigens, wenn, wie kürzlich vorgeschlagen wurde[29], die Schuld beim Individuum, die Strafe aber – man müsste dann wieder besser sagen: die **Massregel** – beim Unternehmen lokalisiert würde.

---

[27] Entwurf zur Änderung des Schweizerischen Strafgesetzbuches vom 21. September 1998, BBl.1999, 2333 „Wird durch den Betrieb eines Unternehmens eine Straftat verübt und kann diese Tat wegen mangelhafter Organisation des Unternehmens keiner bestimmten Person zugerechnet werden, so wird das Unternehmen mit Busse bis zu 5 Millionen Franken bestraft". (Art. 102 Abs. 1 des Entwurfs, vgl. auch dazu die Kommentierung auf S. 2136-2145 der Botschaft).

[28] *Stratenwerth* (o. Fn. 23), S. 303; früher schon *Richard Schmitt*, Strafrechtliche Massnahmen gegen Verbände, Stuttgart 1958, S. 204.

[29] *Rupert Scholz* (o. Fn. 25), 439.

Letztlich ist die Frage nach der Möglichkeit einer kollektiven Verantwortung allerdings nur der theoretische Überbau für eine sehr viel praktischere Überlegung: Es geht darum, die das Unternehmen finanziell Tragenden, in einer Aktiengesellschaft also die Aktionäre, durch eine Strafsanktion gegen das Unternehmen zu treffen[30]. In der Common Law Tradition wird diese Frage – durchaus auch kontrovers – oft unter Umgehung des Überbaus erörtert[31]. Nach der Devise „Qui sentit commodum, debet sentire et onus" scheinen für solche Daumenschrauben bei den Aktionären durchaus Gerechtigkeitserwägungen zu sprechen[32]. Damit ist man dogmatisch aber wieder bei einer Ausweitung der Garantenverantwortlichkeit mit Hilfe einer ökonomischen Analyse des Rechts – und weit jenseits von bekannten Garantenpflichten. Aber selbst wenn man sich mit einer garantenähnlichen Position begnügen würde und zudem noch mit der Feststellung der rechtlichen Handlungspflicht sehr viel grosszügiger wäre, müsste doch in jedem Fall die konkrete Handlungsmöglichkeit bestehen. Psychisch erfordert dies das Wissen über die Aussenwirkung des eigenen Unterlassens. Ein solches Wissen aber würde für den zur Handlung Verpflichteten einen Überblick über das Unternehmen und seine Verantwortungsstrukturen voraussetzen, dessen Unmöglichkeit im Unternehmen gerade der wesentliche Grund für das Nachdenken über eine Unternehmensstrafbarkeit war[33].

Aber nicht nur beim Thema Unternehmensstrafbarkeit, auch im Völkerstrafrecht wird derzeit über einen kollektiven Verbrechensbegriff nachgedacht. Eigentlicher Täter von kollektiv begangenen Humanitätsdelikten sei der „Staatsapparat als solcher, d.h. eine Art von Gesamtsubjekt"[34]. Indessen sind die Intentionen derjenigen Autoren, die insoweit ein Umdenken fordern, doch andere als in der Debatte um die Unternehmensstrafbarkeit. Es geht in der Wissenschaft ganz überwiegend nicht um die „Bestrafung" von Staaten und auch nicht um eine präventiv motivierte Umlenkung auf einen anderen oder erweiterten Täterkreis. Auch das Rom-Statut für einen Internationalen Strafgerichtshof stellt auf die alleini-

---

30 *Friedrich v. Freier*, Kritik der Verbandsstrafe, Berlin 1998, S. 18, 241; *Michael Köhler*, Strafrecht, Allg. Teil, Berlin/Heidelberg 1997, S. 559.

31 *Andrew Ashworth*, Principles of Criminal Law, 3. Aufl., Oxford 1999, S. 116 ff.

32 *Hans Joachim Hirsch*, Die Frage der Straffälligkeit von Personenverbänden, Opladen 1993, S. 18 f.

33 Auf diese Paradoxie weist *v. Freier* (o. Fn. 30), S. 247 hin.

34 *Vest* (o.Fn.14), 495.

ge Verantwortlichkeit natürlicher Personen ab[35]. Nur selten wird von Autoren gefordert, Staaten und damit mittelbar die Gesamtheit der in ihnen lebenden Individuen zu bestrafen[36]. Vielmehr soll hier das Denken in Kategorien von Kollektivdelikten die Einzelzurechnung erleichtern, indem etwa als Bezugspunkt der Akzessorietät das Gesamthandeln dient oder indem die Vorsatzzurechnung vereinfacht wird[37]. Solche Überlegungen, die eigentlich der Problematik einer individuellen Zurechnung für kollektive Prozesse unterfallen (oben I), brauchen deshalb an dieser Stelle nicht weiter erörtert zu werden.

Für Einwände gegen die direkt kollektive Verantwortung im Strafrecht mag es hierbei sein Bewenden haben. Denn egal, ob man den Herausforderungen kollektiver Schädigungen und Risiken eher mit individueller Zurechnung kollektiver Verantwortung oder mit direkt kollektiver Verantwortung begegnen will – es eröffnet sich ein gemeinsames Schreckensszenario: Unerwünschte Rückkoppelungseffekte auf die traditionelle Strafrechtsdogmatik werden befürchtet. Sie drohen von der Fortschreibung der Strafrechtsdogmatik her deren Kern zu untergraben. Für den Fall der **Unternehmensstrafbarkeit** sagt man in der Literatur vielfach solche Effekte eines rückwirkenden Abschleifens von Zurechnungsvoraussetzungen auch im Kernstrafrecht voraus[38]. Ein allgemeines Überhandnehmen von abstrakten Gefährdungsdelikten und Kumulationsdelikten, eine flächendeckende Ersetzung von Kausalität durch statistische Relationen, eine Zunahme von Vorsatz-Präsumtionen und eine Entleerung des Schuldbegriffs werfen, so fürchtet man, ihre Schatten voraus. Man wird allerdings bedenken müssen, dass solche Rückkoppelungseffekte nicht nur für den Fall der Einführung einer Unternehmensstrafbarkeit drohen, sondern ganz ähnlich bei der heute, wie zu sehen war, schon in Gang befindlichen Ausweitung der Zurechnung bei **individueller Verantwortung** für kollektives Handeln:

---

[35] Art. 25 Abs. 1 des Statuts, bei *Triffterer* (o. Fn. 13), S. 475: „The Court shall havve jurisdiction over natural persons persuant to this Statute. Dazu *Kai Ambos*, Zur Rechtsgrundlage des Internationalen Strafgerichtshofs, ZStW 111 (1999), 175, 186.

[36] Vgl. aber *Lampe* (o. Fn. 4), 739: „Der Gerechtigkeit entspricht es vielmehr, dass sich die Strafe zuvörderst gegen das System wendet, das die Verbrechen hervorgebracht hat... Gewiss, die Sanktionen werden vor allem das Staatsvolk treffen".

[37] *Friedrich Dencker*, Kausalität und Gesamttat, Berlin 1996, S. 263ff.

[38] *Heine* (o. Fn. 18), S. 149 ff.; *Winfried Hassemer*, Kennzeichen und Krisen des modernen Strafrechts, ZRP 25 (1992), 378; *Lorenz Schulz*, Verantwortung zwischen materialer und prozeduraler Zurechnung, in: *ders.* (Hrsg.), Referate der 6. Tagung des Jungen Forum Rechtsphilosophie, Stuttgart 2000, 175, 190.

Ob beim Verzicht auf den gemeinsamen Tatplan im Fall der Mittäterschaft, auf die individuelle Tatherrschaft beim mittelbaren Täter, auf traditionelle Garantenpflichten beim Unterlassen – überall finden wir ein Abrücken von bisherigen Zurechnungsbegrenzungen. Hintergrund solcher Entwicklungen, ob bei individueller Verantwortung für kollektives Handeln oder bei direkt kollektiver Verantwortung, ist nämlich auch derselbe: Die Zunahme von Grossrisiken oder auch nur unseres Wissens über Grossrisiken bei gleichzeitig nachlassender Überschaubarkeit der sozialen Zuständigkeitsmuster, die Bedeutungszunahme eines Rechtsguts „Sicherheit" bei gleichzeitiger Abnahme von Beweismöglichkeiten, ein Strafrecht, das sich bemüht, soziale Prozesse zu beeinflussen und kollektive Strukturen zu steuern[39] – dies zusammen schafft das Bedürfnis nach Ausweitung alter und Kreation neuer Kollektivverantwortung.

Die Wirkung dieses deshalb offenbar unvermeidlichen Abschleifens der Zurechnungsvoraussetzungen durch Kollektivierung von Verantwortung ist allerdings, so scheint mir, bisher etwas einseitig interpretiert worden. Man hat sie nur als die Gefahr einer Hypertrophie des Strafens beschworen. Bei Licht besehen nimmt der Drang zur kollektiven Verantwortung aber auch Formen an, die gar nicht in diese Tendenz passen und doch ihre dialektische Rückseite beschreiben. Gemeint ist damit eine Rückbesinnung auf soziale Mitverantwortung, der nun abschliessend im dritten Teil die Aufmerksamkeit gilt.

III. Soziale Mitverantwortung

Was ist mit „sozialer Mitverantwortung"[40] gemeint? Anders als bei den bisher erörterten Formen kollektiver Verantwortung im Strafrecht geht es beim Stichwort der „sozialen Mitverantwortung" um eine **Entlastung** des Einzelnen angesichts der Mitverantwortung anderer.

Der Gedanke mag zunächst überraschen, sind wir doch gewohnt, die kollektive Handlung dem Einzelnen oder dem Kollektiv schon wegen ihrer gesteigerten Gefährlichkeit eher noch massiver vorzuwerfen und auch in den Sanktionen härter zu reagieren als beim Einzeltäter im Fall der Einzelverantwortung. Zu fragen ist aber, ob aus dem Verhalten anderer auch Argumente für eine Verantwortungsentlastung zu gewinnen sind.

---

[39] *Günter Heine*, Beweislastumkehr im Strafverfahren? JZ 1995, 651 ff., 653.

[40] *Heine* (o. Fn. 8), S. 95, verwendet diesen Begriff für die gesellschaftlichen Bedingungen von Kriminalität.

Diese Fragen sollen ausgehend von der Viktimodogmatik über staatliche Mitverantwortung bis hin zur eigentlich gesellschaftlichen Mitverantwortung kurz benannt werden.

Die Strafrechtsdogmatik beachtet seit langem eine soziale Mitverantwortung des Opfers in der sog. „Viktimodogmatik". Zwar kennt das Strafrecht keine § 254 BGB vergleichbare Vorschrift für die Mitverantwortung, berücksichtigt aber doch häufig eine gemeinsame Verantwortung von Täter und Opfer in teleologischen Reduktionen von Tatbeständen oder zumindest im Strafmass[41]. Die Strafrechtsdogmatik kann also durchaus in einem gewissen Umfang beachten, dass die schliesslich strafrechtlich herausgefilterte Tat nur der Schlussstein in einer komplexen Konfliktentwicklung war, die über lange Zeit angedauert haben mag. Solche Entlastungen erfolgen z.B. von der Privilegierung des Totschlags im Affekt bis hin zur Einräumung eines entschuldigenden Notstands bei der Tötung des Haustyrannen. Erst im Fall der Notwehr schlägt das System um und wir haben statt der gemeinsamen Verantwortung wieder eine Alleinverantwortung, jetzt auf der anderen Seite. Aber auch bei den Vermögensdelikten, insbesondere dann, wenn der Täter vom Opfer in dessen wirtschaftlichem Interesse in Selbstschutzobliegenheiten des Opfers eingebunden wird, wie in Selbstbedienungsläden oder bei Kredit- und Scheckkartengeschäften, werden immer wieder teleologische Tatbestandsreduktionen erwogen[42]. Dasselbe gilt z.B. beim Betrug, im Fall extrem leichtgläubiger, etwa abergläubischer Opfer. Das Vermögensdelikt gerät dann u.U. in die Nähe einer notwendigen Teilnahme an der Selbstschädigung. Solche Situationen sozialer Mitverantwortung von Täter und Opfer bewirken, dass der Täter nicht mehr einseitig verantwortlich gemacht werden kann, was aber zur Akzeptanz der strafrechtlichen Erfassung eines Konflikts unabdingbar zu sein scheint.

---

[41] Zur Viktimodogmatik *Bernd Schünemann*, Die Zukunft der Viktimo-Dogmatik: die viktimodogmatische Maxime als umfassendes regulatives Prinzip zur Tatbestandseingrenzung im Strafrecht, FS J. Faller, München 1984, 357 ff.; *ders.*, in: *Bernd Schünemann/Markus D. Dubber* (Hrsg.), Die Stellung des Opfers im Strafrechtssystem. Neue Entwicklungen in Deutschland und in den USA, Köln 2000, S. 1 ff..

[42] *Lothar Kaiser*, Opferverantwortung und Täter (Sonder-)Pflichten im Bereich der Vermögensdelikte. Untersuchungen über den Einfluss der Täter-Opfer-Interaktion auf die Einschränkung der Strafbarkeit im Bereich der Vermögensdelikte unter besonderer Berücksichtigung der Massenkriminalität, Münster i.W./ Hamburg 1990.

Auf erweiterter Basis sehen wir diesen Gedanken im Fall staatlicher Mitverantwortung an der Straftat, wie sie seit den 80er Jahren insbesondere in Fällen tatprovozierenden Verhaltens polizeilich eingesetzter Lockspitzel vor allem im Betäubungsmittelbereich Gegenstand von Rechtsprechung und Lehre ist[43]. Zumindest in Fällen nicht von vornherein tatbereiter Provozierter haben die Strafsenate des BGH anfangs in einzelnen Fällen auf einen materiellen Strafaufhebungsgrund oder auf ein Prozesshindernis erkannt, inzwischen werden Fälle dieser Art zwar nur noch bei der Strafzumessung, dort aber doch erheblich, gewichtet[44]. Grundlage dafür ist der Gedanke des „venire contra factum proprium" in der Ausprägung des ganz oder teilweise verwirkten staatlichen Strafanspruchs. Wenn der Staat selbst erst jene Straftaten schafft, die er dann sich anschickt abzuurteilen, so entlastet diese gemeinsame Tatverantwortung den Einzelnen.

Ein traditionelles Anwendungsgebiet solcher Überlegungen war seit dem frühen 19. Jahrhundert auch der Bereich der Armutskriminalität. In dem Masse, wie typische Unterschichtkriminalität als Reaktion auf soziale Missstände erscheint, sehen z.B. schon Hegel und seine Schule im Strafrecht eine erhebliche Verminderung des Unrechts[45]. Der frühere Mundraubtatbestand mit seiner Privilegierung des Diebstahl geringwertiger Sachen zum alsbaldigen Verbrauch war eine Ausprägung dieses Gedankens, ja der Rechtfertigende Notstand nahm seinen gedanklichen Ausgang im 19. Jahrhundert von der Not dessen, der zum Überleben das Eigentum der anderen braucht[46]. Eine Mitverantwortung der staatlich verfassten Gesellschaft für soziale Strukturen, die erhebliche Anreize zur Kriminalität schaffen, ist selbst heute noch in der Strafzumessung über die „wirtschaftlichen Verhältnisse" in § 46 Abs. 2 StGB zu erfassen.

Aber, so ist zum Abschluss zu fragen, kann es auch eine soziale Mitverantwortung der ganzen Gesellschaft jenseits von Opferverhalten und staatlichen Entscheidungen geben? Wenn unter den Stichworten „Sozialadä-

---

[43] Zur V-Mann-Problematik und dem verringerten Gewicht der Verantwortung des Provozierten vgl. die Nachweise bei *Jakobs* (o. Fn. 7), S. 685.

[44] Früher u.a. BGH Strafverteidiger 1981, 276 (Verwirkung des staatl. Strafanspruchs); zur Strafmasslösung u.a. BGHSt 32, 345; BGH NStZ 94, 289; 97, 136.

[45] Dazu *Diethelm Klesczewski*, Die Rolle der Strafe in Hegels Theorie der bürgerlichen Gesellschaft. Eine systematische Analyse des Verbrechens- und Strafbegriffs in Hegels Grundlinien der Philosophie des Rechts, Berlin 1991, S. 369 ff.

[46] Zum Notrecht („nicht als Billigkeit, sondern als Recht") *Georg Wilhelm Friedrich Hegel*, Grundlinien der Philosophie des Rechts (zuerst erschienen 1821), Werke-Ausgabe im Suhrkamp-Verlag, Frankfurt a.M. 1970, § 127 (S. 239 ff.).

quanz" oder „erlaubtes Risiko" gesellschaftliche Vorlieben gar unrechtsaus-
schliessend wirken, wird man dies nicht bestreiten können. In der Literatur ist weiter darauf hingewiesen worden, dass auch in der Strafzumessung
schon lange das Stigma des isolierenden Schuldspruchs gerade unter Beachtung sozialer Mitverantwortung aufgelöst wird, dass z. B. bei fahrlässi-
ger Tötung im Strassenverkehr eine Gesellschaft, die sich dem Auto ver-
schrieben hat, mit ein paar tausend Mark Geldstrafe recht gnädig reagiert[47].
Schon lange auch wurde soziale Mitverantwortung jenseits der staatlich zu
verantwortenden sozialstrukturellen Kriminalitätsgründe unter dem Gesichtspunkt der **Strafgerechtigkeit** in Bereichen beinahe ubiquitärer Delin-
quenz wie Steuerhinterziehung oder Trunkenheit im Strassenverkehr dis-
kutiert[48]. Es sind Bereiche, in denen wegen des immensen Dunkelfelds
mehr noch als sonst einzelne Personen stellvertretend zur strafrechtlichen
Verantwortung gezogen und so geradewegs zu einem Sonderopfer für prä-
ventive Einwirkungen auf die Gemeinschaft verpflichtet werden. Die sich
hier sehr wohl aufdrängende besondere kriminalpolitische Notwendigkeit
generalpräventiven Durchgreifens wird schon lange konterkariert durch
Skrupel gerade aus Gründen der Gerechtigkeit[49]. Die grosse Zurückhaltung gegenüber dem Strafgrund der Generalprävention in Rechtsprechung
und Schrifttum der 60er und 70er Jahre dürfte gerade in solchen
Gerechtigkeitsskrupeln ihren Grund gehabt haben. Dass die Ubiquität eines kriminellen Verhaltens im Strafmass jedenfalls auch als entlastend zu
gewichten ist, erscheint bei Beachtung des Schuldprinzips unvermeidlich.

Was in dieser Weise lange Zeit als Dunkelfeld-Gerechtigkeitsproblem
durchaus gesehen worden ist, hat in den letzten beiden Jahrzehnten eine
Zuspitzung insbesondere bei Umweltstraftaten unter dem Stichwort des
„Vollzugsdefizits" erfahren[50]. Mannigfache Schwierigkeiten der Zu-
rechnungsstruktur und der Beweisbarkeit, von denen hier schon die Rede
gewesen ist, komplizierte arbeitsteilige Abläufe und Pflichtenverteilungen

---

[47] *Detlef Krauss,* Schuld und Sühne. Einige kritische Bemerkungen zum Strafrecht der Gegenwart, in: reformatio 1990, 376 ff., 389, allerdings unter Hinweis
darauf, dass dieser Grosszügigkeit bei der Strafzumessung eine klare Individualisie-
rung bei der Zurechnung gegenüberstehen solle.
[48] Zur Bedeutung lückenhafter Strafverfolgung für das Schuldprinzip *Franz
Streng,* Strafrechtliche Sanktionen - Grundlagen und Anwendung, Stuttgart u.a.
1991, S. 21 f. m.w.Nachw.
[49] Vgl. etwa *Hans-Heinrich Jescheck/Thomas Weigend,* Strafrecht AT, 5. Aufl.
1996, S. 215 f.
[50] *Kurt Seelmann,* Atypische Zurechnungsstrukturen im Umweltstrafrecht,
NJW 1990, 1257, 1261.

sowie verwaltungsakzessorische Kontingenzen machen es gerade im Umweltbereich, aber auch in der Wirtschaftskriminalität, für die Strafverfolgungsorgane so schwierig, das Dunkelfeld aufzuhellen[51]. Gegenüber dem klassischen Dunkelfeld-Gerechtigkeitsproblem tritt so ein weiterer Gesichtspunkt sozialer Mitverantwortung hinzu: Die Schwierigkeit der Aufhellung ist ihrerseits sozialstrukturell produziert, hat neuartige Organisationsstrukturen und technische Abläufe, aber auch im Kernstrafrecht bisher wenig verbreitete rechtliche Strukturen wie die Verwaltungsakzessorietät zur Grundlage und ist nicht einfach vorgefunden. Und ein Drittes kommt hinzu: Es liegt auch an der extremen Zufälligkeit der Dunkelfeld-Aufhellung und den ihr entgegenstehenden organisatorischen, technischen und rechtlichen Gegebenheiten, so darf man vermuten, wenn hier die Gerichte ihrerseits zur Zurückhaltung bei der Verurteilung neigen[52]. Denn gerade die Komplexität der Voraussetzungen macht es schwierig, das zu leisten, was einer strafrechtlichen Verurteilung Akzeptanz verschafft: die eindeutige Heraushebung des für die Tat Verantwortlichen. Ja selbst die Konstruktion des gesetzlichen Tatbestands gewinnt in diesen Bereichen etwas notgedrungen Willkürliches, da viele Schäden zwar Handlungsergebnisse sind, vom Artensterben bis zum Ozonloch, von Allergieerkrankungen bis zum Waldsterben, aber doch praktisch nicht in die Verantwortung von Menschen gestellt werden. In diese Verantwortung werden sie aber u.a. deswegen nicht gestellt, weil sie von zu vielen verursacht worden sind. Wo „die Menschheit" schuldig ist, erscheint das Strafrecht als ziemlich hölzerner Handschuh[53].

Damit aber schliesst sich der Kreis: Was in der neuen Entwicklung von Gefährdungspotentialen und strukturell unvermeidlichen Kontrolldefiziten die Ausdehnung individueller Verantwortung für kollektives Handeln initiiert hat und was weltweit die direkt kollektive Verantwortung um sich greifen lässt, wird doch zugleich zur Ursache für die verstärkte Relevanz sozialer Mitverantwortung im Strafrecht. Komplexe schädigende Prozesse weiten so die Zurechnung in Richtung auf kollektive Verantwortung aus und begrenzen sie zugleich unter demselben Gesichtspunkt. Ja die Kollektivzurechnung wird gerade mit der Begründung gefordert, dass andernfalls systemische und kollektive Zusammenhänge verdeckt und deshalb zufällig herausgegriffene Einzelpersonen stellvertretend zu Sündenbö-

---

[51] A.a.O. S. 1258 ff.
[52] A.a.O. S. 1262.
[53] Dazu *Lübbe* (o. Fn. 3), S. 27.
[54] *Vest* (o. Fn. 14), 497.

cken abgestempelt würden[54]. Man versteht, so scheint mir, die neuere Entwicklung der Strafrechtsdogmatik besser, wenn man sie aus dieser Doppelbewegung heraus interpretiert.

Darin aber liegt eine schwierige Hypothek für die Zukunft des Strafrechts: Zwar wusste man schon bisher, dass auf der Täterseite immer sehr viel mehr Menschen mitwirken, die den Täter und die Tat zu dem machen, was er wurde. Auch war bei einigem Nachdenken schon bisher klar, dass das Strafrecht grundsätzlich die Frage nach lebensgeschichtlichen und motivationalen Hintergründen der Tat ausblenden muss und den zum Täter führenden Kausalstrang weder linear weiterverfolgen noch in seinen Vernetzungen aufgreifen darf, wenn es plausibel individuell zurechnen und dadurch Normen stabilisieren will. Die Tat wird so im Strafrecht notwendig zur Momentaufnahme aus dem Leben des Täters – der Film als ganzer bleibt unbelichtet[55]. Dieses traditionelle Verfahren setzt jedoch jene Überschaubarkeit der Verhältnisse und der rechtlichen Strukturen voraus, die es erlaubt, den Täter zu isolieren und in seiner individuellen Verantwortung vorzuführen. Eben daran aber fehlt es zunehmend bei komplexen Schadensverläufen und Risikosituationen. Die Stilisierung eines eindeutig Verantwortlichen, eines Bösewichts, von der die Akzeptanz und die mögliche Wirkung von Strafe und Strafrecht leben, wird in immer mehr Lebensbereichen zur Disposition gestellt. Was sich daraus in Zukunft entwickeln wird, ist noch schwer abzuschätzen. Als sehr unwahrscheinlich können aber die beiden derzeit in der Diskussion befindlichen Optionen bezeichnet werden: dass es dem Strafrecht gelingen könnte, sich wieder auf seinen „alteuropäisch" klassischen Kernbereich des frühen 19. Jahrhunderts zurückzuziehen, oder aber, dass es die neuen Herausforderungen annimmt und gleichwohl Strafrecht im herkömmlichen Sinn bleibt. Der Rückzug in die Idylle ist schon vor zwei Jahrhunderten an der Existenz des damaligen Polizeistrafrechts gescheitert, und „more of the same" auch noch für Kollektive entzieht sich ersichtlich selbst die Basis. Stigmatisierung des Einzelnen entlastet die Gesellschaft, entlastet sie insbesondere davon, aus Anlass einer Straftat über sich selbst nachzudenken. Eine Zunahme der Schwierigkeiten bei dieser Stigmatisierung sollten wir schon deshalb auch als Chance begreifen.

---

[55] *Heinz Müller-Dietz*, Der Wahrheitsbegriff im Strafverfahren, ZEE 1971, 257, 266; dazu auch *Lübbe* (o. Fn. 3), S. 129.